LETTRE A MME ***

SUR

LA MUSIQUE,

M. M......o,

ET L'ENSEIGNEMENT MUTUEL;

PAR M. POTTIER,

MUSICIEN DU ROI, PROFESSEUR DE CHANT, MEMBRE DE LA SOCIÉTÉ ACADÉMIQUE DES ENFANTS D'APOLLON.

A PARIS,

CHEZ FIRMIN DIDOT, IMPRIMEUR DU ROI, DE L'INSTITUT ET DE LA MARINE, RUE JACOB, N° 24.

1818.

LETTRE A MME ***

SUR

LA MUSIQUE, M. M.......O.

ET L'ENSEIGNEMENT MUTUEL.

MADAME,

On a accusé la nation française (et on l'en accuse encore) d'être légère et d'aimer le changement. J'ignore jusqu'à quel point le reproche était fondé il y a quarante ans; mais je sais très-bien que ceux qui le répètent aujourd'hui ne sont que les échos irréfléchis de leurs satiriques devanciers.

C'est sur-tout relativement aux musiciens que ce reproche tombe complètement à faux. Les musiciens français sont, en général, les plus grands *routiniers* du monde. Transmettre aux autres les leçons qu'on leur a données, et comme on les leur a données; faire chanter à un élève l'air que chantent l'acteur et l'actrice à la mode; lui faire faire tous les traits qu'ils y font, sans consulter ses moyens, et au risque de lui briser la voix; voilà en quoi consiste *la méthode* de beaucoup d'entre eux: si on peut appeler ainsi l'absence de toute réflexion, et une imitation constamment machinale.

A côté de ces gens immuables, de ces *Pères-Conscrits* de la république musicale, il est une autre espèce d'originaux, d'une nature toute différente, et dont l'allure n'en est pas moins plaisante. Ce sont ceux qui se trouvent toujours disposés à admirer ce qui vient de l'étranger. Prononcez-leur un nom *français ;* celui que vous nommerez sera très-heureux s'il n'est reçu que froidement; et le plus souvent il sera accueilli avec le signe du dénigrement et du mépris. Mais si vous faites raisonner à leurs oreilles une désinence en *o*, en *i*, en *er* ou en *ow*, vous verrez tout-à-coup, et comme par magie, leur figure s'épanouir; leurs yeux s'agrandiront, leur bouche s'entr'ouvrira, ils joindront les mains, et tous les signes de la plus vive délectation seront prodigués.

Si l'heureux enfant de l'Ausonie ou de la Germanie débarque à Paris, qu'il ne s'inquiète pas de la légèreté de sa bourse, de l'exiguité de sa valise. Le modeste hôtel garni qui l'a reçu d'abord, ne tardera pas à le voir prendre son essor, et, porté par les acclamations de ses compatriotes et de leurs constants admirateurs, nous le verrons s'installer dans un palais où la foule accourra, dont les équipages assiégeront les portes. Ce palais bientôt ne lui suffira plus; il lui en faudra deux, il lui en faudra trois... (1).

Qu'a-t-il donc fait cet étranger pour opérer une fortune aussi rapide ?... Ce qu'il a fait, madame? ce qu'un étranger seul pouvait faire en France. Il a entendu dire, dans son pays, qu'on ne parlait à Paris que du système d'*Enseignement Mutuel*. Il s'est rappelé que la méthode de l'école où il avait appris la musique avait quelque analogie avec ce système à la mode; et, sans se rendre compte à quel degré cette analogie pouvait exister, et jusqu'à quel point on pouvait la porter, il a pris la poste, et le voilà à Paris.

Et en effet, madame, pourquoi se serait-il donné de la peine? et quel avantage lui auraient procuré ces méditations, ces rapprochements et ces analogies? Ne s'appelle-t-il pas *M.......o ?....* (2). A peine arrivé, son nom retentit déja dans tous les quartiers de cette immense capitale; vingt feuilles périodiques le répètent tous les matins; et les artistes français apprennent, en savourant la frugale bavaroise, que des *Excellences*, des *Altesses*, (je crois même qu'on a dit *Altesses royales*) sollicitent journellement les conseils de l'étranger, et sont dans le ravissement de ceux qu'il a déja daigné leur accorder. La *terminaison* de son nom, et le mot magique d'*Enseignement Mutuel*, bien ou mal appliqué, lui ont suffi pour faire tout ce fracas.

Il ne s'est même pas donné la peine de s'informer comment nous appelions les notes. Est-ce qu'un Italien est fait pour parler français? Il y a d'ailleurs si long-temps que l'on dit en France UT, *ré*, *mi*, *fa*, *sol la*, *si*, UT! Vous ne vous figurez pas, madame, quel charme on éprouve aujourd'hui à dire DÒ, *ré*, *mi*, *fa*, *sol*, *la*, *si*, DÒ!.. Ce *dò*, convenez-en, a une douceur inexprimable! un attrait irrésistible!... et puis, on ne s'imagine pas à quel point il accélère l'étude musicale! Vous croyez peut-être qu'il s'agit encore de chanter juste, d'observer la mesure? Vétilles que tout cela! DÒ... tout est là!... Prononcez ce *dò* avec la grace ultramontaine qu'y sait mettre l'élégant professeur, et il vous déclarera lui-même qu'il ne lui reste plus rien à vous apprendre.

Il a encore jugé à propos de changer une de ces vieilles habitudes, que nous partageons avec toute l'Europe, et même avec les plus célèbres musiciens de son pays. Elle consiste à battre la mesure à deux, trois et quatre temps, et à rendre, de cette manière, le rhythme musical aussi sensible à l'œil qu'il l'est à l'oreille. Cette méthode qu'il faudrait imaginer, au moins pour les élèves, si elle n'était universellement en usage même pour les maîtres, a le mérite d'être parfaitement claire ; mais elle a aussi le défaut d'être fort ancienne. Or, il est bien reconnu que ce défaut-là efface, anéantit les meilleures qualités. Le nouveau législateur de l'empire musical a donc supprimé tous ces temps *en l'air*, et *de droite* et *de gauche*, et n'a conservé que le signe du *frappé*, qu'il adapte à tous les temps indistinctement, et ce, pour qu'on les reconnaisse mieux.

Notre Lycurgue lyrique ne jouait probablement pas dans son pays un rôle aussi brillant que dans le nôtre ; et, à l'importance presque exclusive qu'il donne à la *transcription manuscrite*, je dois vous avouer, madame, que je me suis involontairement rappelé que la *gravure* était peu en usage, en Italie, pour la musique, et qu'une foule de musiciens, très-honnêtes gens d'ailleurs, gagnent leur vie à copier les partitions des morceaux qui ont le mieux réussi au théâtre. Je suis loin de vouloir tirer de cette circonstance aucune induction contraire à M. M.......o. Nous avions en France un homme qui le valait bien, quoiqu'il s'appelât tout bonnement *Jean-Jacques Rousseau*, et qui vivait du produit de ses copies de musique. Mais, s'il en est ainsi, la clef de *sol* doit être familière à M. M......o, puisque ses compatriotes l'emploient pour les violons et pour les flûtes. Pourquoi donc veut-il absolument nous la faire oublier? Et comment se fait-il qu'ayant l'intention de nous rendre tous si promptement musiciens, il néglige de nous enseigner la seule clef sur laquelle se grave, en France, toute la musique vocale?

Voilà donc en quoi consiste la méthode de M. M...o: *Ecrire sous la dictée, nommer la première note de la gamme* DÒ *et non pas* UT, *et battre tous les temps de la mesure avec le même signe.*

Voilà ses moyens, et le parti qu'il a su tirer du nouveau système introduit dans nos écoles primaires.

C'est être en vérité bien timide ou bien modeste; et cependant, du moment où la vertu du nom qu'il porte avait été assez forte pour attirer chez M. M......o un grand nombre d'élèves, il se trouvait par cela même armé du plus puissant moyen d'instruction musicale qui ait jamais existé. Le fait seul de la *réunion* des élèves et de la *simultanéité* de la leçon, suffit pour produire des miracles en ce genre, quels que soient d'ailleurs les moyens de détail qu'on juge à propos d'employer ensuite; et je vais probablement vous étonner beaucoup, madame, en vous assurant que c'est à ce système d'enseignement que la France est redevable des nombreux et excellents musiciens qu'elle possède dans tous les genres, et dont l'éducation musicale était achevée long-temps avant qu'on sût qu'il y eût au monde un professeur de musique appelé M...o.

Oui ! madame, il y avait autrefois, en France, plus de *cent cinquante conservatoires* où l'instruction musicale était portée au plus haut degré. Dans la plupart de ces maisons, richement dotées par de puissantes corporations, indépendamment du maître de musique, il y avait un instituteur particulièrement chargé de donner aux élèves des leçons de littérature ; de manière que les jeunes gens, qui ne sortaient jamais que pour aller faire quelques promenades avec leurs maîtres, partageaient constamment leurs journées entre ces deux objets d'étude..... Vous croyez que je rêve, madame, et vous m'accusez de prendre pour des réalités passées les desirs que je forme pour l'avenir ? Détrompez-vous : ces conservatoires ont bien réellement existé. L'immense incendie, qu'on a appelé *la révolution*, les a détruits. Ils étaient connus sous le nom de *maîtrises* ou *psalettes*, et ceux qu'on y instruisait s'appelaient *enfants-de-chœur*. Les corporations qui subvenaient aux frais de ces établissements étaient des *chapitres* ou des *abbayes*. Le maître de musique avait toujours été lui-même *enfant-de-chœur*, et le maître de latin était un ecclésiastique ordinairement très-recommandable. *Grétry*, *Lesueur*, *Méhul*, *Plantade*, *Persuis*, ont été *enfants-de-chœur* ; *Lays*, *Chéron*, *Rousseau*, *Chenard*, ont été *enfants-de-chœur* ; *Bouffet*, *Lambert*, presque tous ceux qui professent à Paris l'art du chant avec quelque distinction, ont été *enfants-de-chœur* ; et j'ai porté le chandelier, à la cathédrale de Paris, à côté de l'auteur du *Rossignol*, qui portait l'encensoir.

Eh bien, madame, dans ces conservatoires où l'on était admis à l'âge de sept ans, et d'où l'on ne sortait qu'à 18 ou 19, l'enseignement musical y était *mutuel.* Ceux qui commençaient à savoir quelque chose étaient les premiers instituteurs de ceux qui ne savaient rien, et recevaient à leur tour les conseils de leurs aînés, qui puisaient dans les leçons du maître les nouvelles instructions qu'ils se hâtaient de communiquer à leurs camarades. Il est facile de concevoir que l'unité de cette méthode, l'émulation qu'elle inspirait, jointe à l'obligation d'une *exécution journalière* à l'église, devait former d'excellents musiciens, des lecteurs imperturbables. Aussi, madame, indépendamment des noms célèbres que je vous ai déja cités, avions-nous en France, à cette époque, une innombrable armée de musiciens chantants, tous sortis des *maîtrises.* Le grand opéra s'exécutait sur vingt théâtres de province avec autant de pompe qu'à Paris; et les chœurs d'*Alceste* et d'*Iphigénie* y retentissaient, comme au milieu de la capitale, dans toute leur énergique beauté! Hélas!... les débris de cette superbe armée, après avoir été recueillis pendant quelques années au théâtre Feydeau, et nous y avoir fait admirer les auteurs de *la Caverne*, de *Médée*, du *Mont-St.-Bernard* et de *Roméo et Juliette*, nous font entendre aujourd'hui leurs derniers soupirs au théâtre de l'Opéra, et à la chapelle du Souverain.

Le *conservatoire*, institué quelques années après la destruction des *maîtrises*, ne pouvait, sous aucun rapport, réparer la perte immense que venait d'éprouver la musique. A Dieu ne plaise que je veuille renier les services importants que cet établissement lui a rendus. Admis, presqu'à sa naissance, à partager les trésors de son instruction, compagnon d'étude de

Lafont, de *Pradère*, de *Gustave-Dugazon*; initié dans les secrets de l'harmonie par *Berton*, l'immortel auteur de la musique de *Montano*, *Berton*, aussi aimable qu'il est illustre, aussi bon qu'il est savant; personne mieux que moi n'a été à portée de connaître et d'apprécier tout le mérite de cette belle institution. Indépendamment, d'ailleurs, de tout sentiment de convenances particulières, je suis trop passionné pour l'art que je professe, et j'aime trop la gloire de mon pays, pour ne pas dire avec l'Europe entière que le *conservatoire français* a offert, pendant près de vingt ans, *la plus belle réunion musicale qui ait jamais existé*.

Mais enfin *une seule* institution, quelque vaste que soit son plan, quelque nombreux que soient ses élèves, et quelqu'habiles que soient ses professeurs, peut-elle en remplacer *cent cinquante?* Et d'ailleurs cette institution était différente; son but n'était point le même. C'était une école de perfectionnement, une école *normale;* or, qu'est-ce qu'une école *normale* sans écoles *primaires?* Certes! si les maîtrises avaient existé *en même-temps* que le conservatoire, aucun pays n'aurait pu disputer à la France la palme lyrique; elle eût été la patrie des muses, la terre classique des enfants d'Apollon.

Au lieu de cela, madame, qu'avons-nous aujourd'hui? Il y a long-temps que les maîtrises n'existent plus (3); et le conservatoire, dont nous avons démontré l'insuffisance, dans le temps même de sa splendeur, n'a pu résister aux derniers événements qui ont affligé notre patrie; car il est malheureusement impossible de lui comparer l'établissement qui lui a succédé sous le nom d'*Ecole royale.* Le petit nombre d'élèves qu'on y admet, et la parcimonie qui a présidé à la distribution des émoluments attribués aux professeurs de cette école, la rangent, malgré le talent distingué de la plupart de ses professeurs, dans la classe des institutions privées, et bornent les vœux des amis des arts à lui voir produire quelques sujets à l'académie royale de musique (4).

Plus de maîtrises, plus de conservatoire! que va donc devenir la musique en France? Et remarquez, madame, que c'est particulièrement la musique vocale qui manque dans toutes nos réunions, dans tous nos concerts. A cet égard, je ne puis savoir que très-bon gré à M. M.....o d'avoir mis en vogue une méthode qui doit répandre le goût du chant, et faciliter les moyens de s'y livrer; et ma reconnaissance lui est d'autant mieux acquise, qu'il n'y avait qu'un étranger qui pût exciter cet enthousiasme, et déterminer un goût aussi prononcé. Si un Français avait eu cette idée, il n'eût pas produit le moindre effet, on n'y aurait fait nulle attention. (5) Toute ma crainte aujourd'hui, c'est que l'on ne passe de l'engouement au mépris; et tout en rendant grace à M. *M.......o* de l'excellente impulsion qu'il a donnée au public, je ne puis m'empêcher de lui en vouloir un peu d'avoir plutôt songé au profit qu'il pouvait en tirer, qu'à l'avantage qui en devait résulter pour l'art que nous professons. Il était pourtant si facile de concilier l'un avec l'autre!

Ce que M. M.......o n'a pas fait, madame, des artistes français le feront, j'espère. (6) L'essai que j'ai tenté moi-même depuis quelques mois, m'a convaincu que, si nous sommes aidés par la confiance de nos compatriotes, la réussite est immanquable. Pour vous mettre à même d'en juger, permettez-moi, madame, de vous donner quelque idée du plan que je me suis tracé, et des principes qui dirigent mon école.

J'ai d'abord supposé que ceux qui viendraient chez moi seraient pour la plupart Français, puisque c'est à Paris que je demeure; que la langue qu'ils parlent et qu'ils veulent chanter, offre une voyelle qu'on appelle *U*, et qu'il était par conséquent à propos de les accoutumer de bonne heure à la prononcer convenablement. Je fais donc dire *ut*, et non point *dò*, comme on le dit rue Montmartre, n°...... Ce *dò* est plus harmonieux, j'en conviens; mais, enfin, ce n'est pas pour solfier toute sa vie qu'on apprend la musique. Nos jeunes gens ne seront sans doute pas fâchés de pouvoir mettre une certaine grace à *conjurer* les dames *de calmer les peines qu'ils endurent*, et les dames apprendront volontiers l'accent qu'il faut donner aux reproches qu'elles aiment à adresser au *cruel amant qui les abuse*.

C'est aussi par la raison que c'est en France que je professe, qu'au lieu de faire commencer par l'étude de la clef d'*ut*, qui est en usage à *Naples* et à *Venise*, j'établis d'abord la connaissance de la clef de *sol*, sur laquelle se grave, à *Paris*, toute la musique qui se vend en détail, et que l'on trouve dans tous les salons, sur tous les pupitres. C'est d'ailleurs sur cette clef que la plupart des compositeurs français font chanter la voix de femme, et dans toute l'Europe elle est en usage pour le *forté-piano*, le *violon* et la *flûte*, instruments le plus généralement cultivés.

Bien entendu cependant, madame, que ceux qui desirent pousser plus loin leurs études, apprennent d'autres clefs. Vous savez, comme moi, qu'on n'est parfait musicien que lorsqu'on peut lire toute la pensée d'un auteur sur sa partition; et même, sans vouloir arriver jusqu'à ce degré, on ne peut véritablement jouir du plaisir que donne la musique *vocale*, que lorsqu'on est en état de chanter *sur la partition* la partie analogue à la voix que la nature nous a donnée; il importe donc de connaître la clef que les compositeurs adaptent à cette voix. Ainsi, après avoir tous pris une connaissance bien certaine de la clef de *sol*, mes élèves solfient ensuite.

Les *dames*, sur la clef d'*ut*, 1re ligne, que les Italiens adaptent généralement à leur voix.

Les *tenores*, sur la clef d'*ut*, 4e ligne.

Les *basses-tailles*, sur la clef de *fa*, 4e ligne.

La suite de ces réflexions m'a encore conduit à penser, madame, que la musique devant être exécutée *en commun*, et étant par excellence l'art de *la société*, il importait de lui conserver les formes qu'on est convenu de lui donner dans toute l'Europe; et ce, sous peine d'être réduit à en faire tout seul, ce qui n'est pas très-amusant. Ce monotone mouvement de pendule, en usage dans l'école à la mode, et qui ramène la musique à sa première enfance, peut bien être en harmonie avec le *dò dò* qu'on y fait entendre, mais n'est point du tout analogue aux progrès que le génie a fait faire à ce bel art, et à la complication des mouvements qu'il lui imprime aujourd'hui. Je fais donc battre la mesure, comme on la bat par-tout, à 2, à 3 et à 4 temps; et je ne me suis pas encore aperçu que cela nuisît en rien aux progrès de mes élèves.

La *dictée*, avant l'exécution, m'a paru un moyen qui n'était point à dédaigner. Ecrire une phrase musicale, d'après l'audition, est une preuve qu'on comprend bien les différentes *valeurs* qui la composent. mais, qu'il y a loin de là, madame, à la bonne exécution de cette même phrase! La distribution des valeurs est importante, sans doute; mais, ce qui l'est infiniment davantage, c'est l'*intonation*. Conserver constamment la justesse de l'intonation, au milieu de la prodigieuse variété des valeurs : voilà la seule difficulté de la musique *vocale;* mais cette difficulté est immense, et pour quelques-uns elle est insurmontable. Tel de mes élèves écrit couramment sous la dictée, qui ne sait pas distinguer une *tierce* d'une *quarte*. De quoi s'agit-il ici, cependant, et quel est le but qu'on se propose? Veut-on apprendre *à chanter*, ou n'ambitionne-t-on que la faculté de recueillir *les chants d'autrui?*

J'ai donc considéré la *dictée* seulement comme *moyen*, laissant à d'autres l'honneur d'en faire l'*unique but* de leurs leçons. La leçon, dictée à tous, est d'abord exécutée par tous, puis deux à deux, et enfin séparément. Chaque valeur est appréciée, chaque intonation est redressée; et lorsque toutes les imperfections ont été ainsi peu-à-peu et isolément rectifiées, l'exécution, qui recommence simultanément, étant plus ferme et mieux d'accord, encourage les faibles, rassure les timides, et porte jusqu'à l'enthousiasme le plaisir général.

Enfin, madame, j'ai eu le bonheur de rencontrer,

dans une des meilleures musiciennes de l'Europe, une associée d'autant plus précieuse, que son éducation musicale a été faite par le célèbre *Duport*, qui lui a tenu lieu de père, et qu'un long séjour en Allemagne l'a mise à même de connaître parfaitement toutes les ressources d'une méthode universellement en usage dans ce pays. Madame *Costantini* (*), professeur de piano des princesses royales de Prusse et de Courlande, fait pour les dames, dans le même local, un cours de musique vocale auquel je prends part; et elle a la bonté de me seconder également dans celui que je dirige pour les hommes. Madame *Costantini*, pendant un séjour à *Berlin* de près de vingt ans, a vécu dans la société des plus célèbres artistes d'Allemagne, a reçu leurs conseils, et a fini par marcher leur égale. Il n'est peut-être pas inutile de faire remarquer ici qu'une école de musique vocale, dirigée par une artiste comme celle que je viens de nommer, et un homme qui professe l'art du chant à Paris depuis vingt ans, offre une garantie que beaucoup d'autres présenteront difficilement.

Et en effet, madame, vous le savez comme moi, la première leçon de *chant* commence par la gamme; et les premiers sons que donne l'élève n'étant qu'une imitation de ceux qu'on lui a fait entendre, si ceux-ci ont été convenablement entonnés, ils seront également bien répétés. C'est ainsi que, progressivement et sans s'en apercevoir, les élèves, en ayant l'air de ne s'occuper que de *notes*, s'accoutument à une intona-

(*) Avis essentiel aux amateurs exclusifs de certaines terminaisons nominales.

tion gracieuse, et pour ainsi dire *de bonne compagnie*. C'est ainsi qu'ils prennent tellement l'habitude d'une bonne méthode de chant, qu'elle se trouve déja toute établie, lorsqu'ils passent du *solfège* à la *vocalisation*, et de la *vocalisation* à la *parole chantée*.

Un autre avantage non moins important de cette nature d'enseignement, c'est d'accoutumer de bonne heure l'oreille à l'harmonie, et de mettre l'élève promptement en état de faire sa partie dans un morceau d'ensemble. Je vous ai déja parlé, madame, de l'enthousiasme qu'éprouvent nos élèves quand ils sont parvenus à la bonne exécution d'une leçon, chantée seulement *à l'unisson*. Mais cet enthousiasme devient presque un délire, lorsque deux leçons, dictées d'abord et apprises séparément, se chantent ensuite à-la-fois, et deviennent un chœur *à deux parties*. Incessamment nous aborderons le *trio*; et j'espère, cet hiver, pouvoir vous faire entendre, en réunissant quelquefois nos deux cours, les beaux morceaux d'ensemble des oratorios d'*Haydn*, des opéras de *Gluck*, et des psaumes de *Marcello*.

Immense avantage de la leçon prise en commun, et de la variété des voix qu'elle présente! Dès les premières leçons, et même en chantant à l'unisson, la seule différence dans la qualité des sons produit déja une harmonie. Peu-à-peu cette harmonie se complique à-la-fois et s'épure. Quand l'élève est accoutumé à entendre une autre voix que la sienne, il ne tarde pas à s'accoutumer également à lui entendre chanter une partie différente; et bientôt après cette autre partie, loin de le contrarier, lui devient nécessaire. C'est un besoin pour lui de l'entendre, un tourment d'en être privé. Quel est le voyageur qui n'a pas remarqué, chez les Allemands sur-tout, cette facilité avec laquelle ils improvisent une *basse*, ou un 2^d dessus? Si vous leur chantez un air, c'est en fredonnant un accompagnement qu'ils l'écoutent et l'apprennent. Que nous sommes loin de cette facilité musicale, habitués que nous sommes à des études *solitaires*, dont le résultat se borne à la ridicule imitation du maître, bon ou mauvais, que nous avons choisi, et à l'exécution médiocre d'une langoureuse *romance* ou d'une fade *polonaise*, qu'on nous a sifflées comme à des merles.

Et remarquez, madame, que c'est à cette méthode d'enseignement, si différente de la nôtre, que l'Allemagne doit l'avantage de posséder les premiers compositeurs de l'Europe. Lorsque les *Haydn*, les *Mozard*, les *Gluck*, et les *Winter*, ont composé leurs sublimes ouvrages, ils savaient qu'ils allaient devenir immédiatement populaires, et qu'en sortant du théâtre, le public les ferait retentir dans tous les salons et presque dans toutes les rues. Chez nous, au contraire, le peu de connaissance musicale du public qui va les juger, intimide les compositeurs, arrête leur génie, paralyse leurs moyens. Les géants sont obligés de se baisser pour se mettre au niveau de la taille générale; et comme cette position ne laisse pas que d'être gênante, ils finissent par renoncer à des compositions, ou qui ne sont pas dignes d'eux, ou que nous ne sommes pas dignes d'entendre. C'est ainsi que depuis un assez grand nombre d'années, nous sommes privés des chants de *Chérubini*, de *Lesueur*, de *Berton*; c'est ainsi que *Méhul* a gardé un silence de dix ans, et que son dernier ouvrage n'est que le dernier soupir d'une muse découragée; c'est ainsi enfin que notre théâtre lyrique se trouve livré à cette tourbe de compositeurs éphémères, Orphées de boudoirs, Hercules en miniature, et que l'on pourrait appeler, en parodiant certains vers de *Chenier*,

L'honneur du *Boleros*, et l'espoir du *Nocturne*.

Et cependant, madame, sommes-nous donc plus malheureusement organisés que les autres? Quoi! la nation qui a produit *Racine* n'aurait pas la délicatesse d'organes des compatriotes de M. *Kotzbüe*? et parcequ'un insolent secrétaire d'ambassade, qui se faisait appeler *le baron de Grimm*, s'est avisé d'écrire à quelques caillettes de son pays que nous avions les oreilles *doublées de corne*, il faut nous le tenir pour dit, et nous avouer battus? Le conservatoire français a donné de nombreux et de superbes démentis à M. le baron, et ses compatriotes eux-mêmes ne les lui épargnent guère, quand nous les voyons tous accourir à Paris, compositeurs et exécutants, et regarder notre suffrage comme la plus belle récompense de leurs travaux, comme le dernier sceau mis à leur réputation musicale.

Non, madame, non, nous n'avons rien à envier sous ce rapport à qui que ce soit au monde. La nation qui peut présenter des compositeurs comme *Lesueur*, *Méhul*, *Berton*, *Boyeldieu* et *Catel;* des chanteurs comme *Lays*, *Garat*, *Martin*, *Elleviou* et *Ponchard*; des cantatrices comme mesdames *Albert*, *Branchu*, *Duret*, *Regnault et Boulanger;* des violons comme *Kreutzer*, *Rodes*, *Baillot et Lafont;* des harpistes comme *Nadermann et Vernier;* des violoncelles comme *Duport*, des flûtes comme *Tulou*, des hautbois comme *Wogt*, (7) des clarinettes comme *Lefebvre*, des cors comme *Duvernoy*, des organistes comme *Séjan*, etc., etc. (Dix pages d'*et cætera*, et dans ces dix pages, vingt conservatoires pour enseigner la musique aux Italiens et aux Allemands); une telle nation, dis-je, n'a besoin de personne pour apprendre la musique; elle peut se suffire à elle-même.

Mais, il faut l'avouer, madame, elle a besoin d'un système d'enseignement; les *institutions* lui manquent. Pour que le goût de la musique se propage, et devienne *national* en France, comme en Italie et en Allemagne, il faut que l'instruction musicale y soit *populaire* comme dans ces deux pays, et il importe sur-tout de ne pas laisser faire à des étrangers ce que nous pouvons si bien faire nous-mêmes.

Mais pour effectuer ce noble projet, et le rendre véritablement efficace, il faudrait qu'il y eût un peu moins d'égoïsme chez les musiciens français, et beaucoup plus d'union entre eux. Je le dis avec amertume... Mais je m'arrête...... Les artistes étrangers à qui vous pourriez montrer cette lettre, madame, jouiraient trop des aveux que j'allais faire; et si vous la communiquez à quelques-uns de mes confrères, ils me sauront d'autant plus de gré de ma réticence, qu'ils connaîtront mieux tous les traits du tableau que j'allais entreprendre.

J'ai l'honneur d'être, madame, etc.

POST SCRIPTUM.

Mon cours de musique a lieu, rue de la Jussienne, n° 25, au coin de la rue Montmartre, les *mardi*, *jeudi* et *samedi*,

Pour les dames, de deux heures et demie à quatre heures et demie.

Pour les hommes, de sept à neuf heures du soir.

Le prix est de 15 fr. par mois, payables d'avance. On perçoit 5 fr. une fois payés pour les menus frais d'école, ce qui porte le premier mois à 20 fr.

Comme je n'ai point l'honneur d'être né ni à *Naples* ni à *Venise*, je me garderai bien de promettre de rendre mes élèves musiciens *en trois mois*; on ne me croirait pas, et on aurait raison. Mais j'ai l'intime conviction (et l'expérience la fortifie tous les jours), qu'*une année* d'étude, dirigée d'après ce systême, équivaut à plus de *quatre années* de leçons particulières; et j'assure très-positivement que quiconque aura suivi un cours semblable *assiduement* pendant *deux ans*, lira couramment la musique sur deux clefs, fera très-agréablement sa partie dans une réunion musicale, et pourra pousser ses études beaucoup plus loin, s'il en a le loisir, en consultant à son choix un maître de goût, qu'il aura alors la faculté de comprendre, et qui trouvera la moitié de sa besogne déja faite.

Il faut le dire cependant, madame; il est des personnes (en petit nombre sans doute, mais enfin il en est), dont l'organe se refuse absolument à toute espèce d'intonation; et, par une fatalité assez singulière, ceux à qui la faculté d'*exprimer* a été ainsi refusée, se trouvent presque toujours abondamment pourvus de la faculté de *sentir*. Que ceux-là se rassurent et se consolent! La musique a d'autres organes que la voix humaine; et sans citer une seconde fois les célèbres professeurs que j'ai déja nommés, et que tout le monde connaît, parmi les amateurs, madame *Mongereau*, M. *Ardisson*, M. *Casimir*, ont trouvé dans le *piano*, le *violon* et la *harpe*, des interprètes auxquels ils ont bien su faire dire tout ce qu'éprouvait leur ame. Non-seulement la méthode nouvelle doit être conseillée à cette classe d'amateurs; mais j'ajouterai même que c'est particulièrement à eux qu'elle sera profitable, puisqu'au moyen de la *dictée* et de la *transcription*, elle leur donne une connaissance approfondie de la *quantité* et des *valeurs*, seule connaissance dont un musicien instrumentiste ait besoin, et qu'il n'acquérait autrefois qu'après avoir vaincu toutes les difficultés mécaniques de l'instrument qu'il cultivait.

Une école n'étant pas un lieu de réunion publique, je vous préviens, madame, que les personnes étrangères au cours n'y sont point admises, et que vous aurez besoin vous-même, malgré tout le respect et la déférence que je vous dois à tant de titres, d'une permission spéciale de la part de mes élèves, pour assister à leurs exercices, (bien entendu que les mères des jeunes personnes qui suivent le cours ont le droit de présence).

Dans les réunions musicales que mes élèves pourront quelquefois avoir cet hiver, je me réserve la faculté d'inviter quelques-uns de mes amis; mais je me propose de ne jouir de cette faculté qu'autant que les leurs auront tous été admis, parce que ces réunions n'ayant pour but que leur plaisir et leur avantage, seront uniquement provoquées et dirigées par eux (*).

Si les artistes français comprennent bien le but que je me propose, et si le public encourage les efforts que je tente, M. M.........o lui-même n'aura que des éloges à donner à notre zèle, puisqu'il ne tend qu'à la propagation d'une méthode dont il n'est pas l'inventeur, à la vérité, mais dont il a le premier fait jouir le public. Il ne verra peut-être pas sans intérêt des artistes français adopter un système auquel il a eu la gloire d'attacher son nom, et s'empresser de le sauver du discrédit qui le menace, en s'opposant à la ridicule et perfide exagération qu'on a voulu donner à ses résultats ; c'est, en un mot, parce que nous croyons cette méthode bonne, que nous voulons la conserver ; et c'est pour la conserver, que nous la dégagerons du charlatanisme qui la déshonore.

(*) N. B. *Il n'y aura jamais de bal.*

NOTES.

(1) « Un charlatan arrive ici de *delà les monts* avec une malle. Il
« n'est pas déchargé que les pensions courent ; et il est près de
« retourner d'où il arrive, avec des mulets et des fourgons. »

(La Bruyère, chap. intitulé : *De quelques Usages.*)

(2) « *Carro-Carri* débarque avec une recette qu'il appelle un prompt
« remède.... C'est un bien de famille, mais amélioré en ses mains....
« *Carro-Carri* est si sûr de son remède, qu'il n'hésite pas de s'en faire
« payer d'avance, et de recevoir avant que de donner......

« *L'émulation de cet homme a peuplé le monde de noms en* o *et en* i ;
« *noms vénérables, qui imposent aux malades et aux maladies.* »

(La Bruyère, chap. intitulé : *Des Jugements.*)

(3) On doit au zèle et aux soins de M. *Cornu*, ancien musicien de la cathédrale, la réhabilitation de la maîtrise de Notre-Dame de Paris. Cet établissement, aujourd'hui administré par le chapitre, et dirigé par deux ecclésiastiques, nommés et appointés par lui, offre à douze jeunes gens une éducation tellement complète, sous le double rapport de la musique et des belles-lettres, que je n'ai pas balancé à lui présenter un de mes fils, qui y est admis, et qui s'y distingue depuis plusieurs années.

M. *Desvignes*, maître de chapelle à Notre-Dame, un de nos plus habiles compositeurs, élevé lui-même dans la maîtrise de la cathédrale de Chartres, et dont le public ignore le mérite, parce que le public ne connaît que ceux qui s'occupent de ses plaisirs ; M. *Desvignes*, dis-je, dirige l'enseignement musical de la maîtrise avec ce talent et cette sûreté que donne toujours l'instruction acquise dès la première jeunesse et puisée aux bonnes sources.

(4) Ces vœux sont d'autant mieux fondés aujourd'hui, que les directeurs de cette école viennent enfin de réparer l'inconcevable oubli qui avait été commis à l'époque de son organisation, en rappelant MM. *Plantade* et *Gerard*, deux professeurs de chant auxquels le conservatoire a dû une partie de son illustration. En général, on ne sait pas assez en France que les chanteurs les plus brillants ne sont pas les meilleurs professeurs ; et une institution publique doit tendre particu-

lièrement à former de véritables artistes, et non pas à faire éclore une nuée de perroquets, dont la race n'est déja que trop nombreuse.

(5) En relisant ce passage de ma lettre, je me suis rappelé un fait qui vient parfaitement à l'appui. M. *Choron*, avant M. *M.......o*, avait établi un cours de musique, basé sur les mêmes principes, et dirigé avec la supériorité que donnera toujours l'esprit et l'instruction. Aucune *altesse*, pas même une *excellence*, n'a honoré M. *Choron* de sa visite, et ne lui a demandé ses conseils.

Il est vrai que M. *Choron* n'a pas uniquement donné ses soins à cet établissement, et qu'il ne l'a considéré que comme le premier échelon qui devait le conduire à un but plus élevé. M. *P......*, d'une part, et M. *M......o*, de l'autre, ont dû lui prouver qu'il avait mal calculé.

(6) Outre l'établissement de M. *Choron*, dont je viens de parler, plusieurs du même genre se forment tous les jours. La plupart s'annonçant sous des noms que je n'ai pas l'avantage de connaître, je ne puis avoir à leur égard aucune opinion. Mais il en est deux que je dois recommander à l'attention publique : le premier est dirigé par Mlle *Renaud d'Allen*, et offre aux dames une instruction musicale, dictée avec l'intelligence la plus parfaite et l'aménité la plus gracieuse ; le second est tenu par M. *Wilhelm*, que je n'ai pas le plaisir de connaître personnellement, mais dont il m'a été dit beaucoup de bien par des personnes en qui j'ai toute confiance.

Mlle *Renaud d'Allen* et M. *Wilhelm* sont tous deux élèves du conservatoire de France.

(7) Parmi les noms que je cite, il s'en trouve quelques-uns qui peuvent paraître étrangers; mais chacun sait que l'*Alsace* et la *Lorraine*, tout en offrant des noms de cette nature, n'en produisent pas moins depuis long-temps des *Français* et de *très-bons Français*.

DE L'IMPRIMERIE DE FIRMIN DIDOT.

www.ingramcontent.com/pod-product-compliance
Lightning Source LLC
LaVergne TN
LVHW052025160826
845678LV00003B/1205

* 9 7 8 2 3 2 9 6 4 2 5 7 4 *